Handlung

In Peter Härtlings Buch **Sofie macht Geschichten** werden in 25 kurzen, in sich abgeschlossenen Texten Erlebnisse der noch nicht ganz siebenjährigen Sofie erzählt. Den Hintergrund dieser Geschichten bildet zum einen Sofies Leben mit ihrer Familie, dem zehnjährigen Bruder Klemens und den berufstätigen Eltern, zum anderen ihr Schulalltag mit ihrem Freund Olli und der Freundin Katja. Sofies Erlebnisse sind dem Alltag entnommen, sie erzählen von den täglichen Freuden und Kümmernissen eines siebenjährigen Kindes. Es geht dabei u.a. um ihr Vergnügen, wenn das Wasser abgestellt ist und sie sich nicht waschen muss, um Missgeschicke beim Kochen, Wut und Traurigkeit, weil die Mitschüler sich nicht zu ihrem neuen Pullover äußern, Sorge um den kranken Bruder und Streit mit den Freunden.

Sofies Erlebnisse beziehen sich auf die alltäglichen Freuden und Kümmernisse eines siebenjährigen Kindes.

Sofie ist ein temperamentvolles Mädchen mit Sinn für Humor. Sie kann wütend und dickköpfig sein, aber auch einfühlsam und empfindsam. Ihren Alltag meistert Sofie nicht als strahlende Heldin, sondern sehr real, entsprechend den Möglichkeiten einer fast Zweitklässlerin.

Problematik

Sofie macht Geschichten weist kein zentrales Problem auf, das sich durch die gesamte Lektüre zieht. Es werden jedoch in den einzelnen Geschichten unterschiedliche soziale Probleme bzw. Konflikte angesprochen, die im familiären und schulischen Umfeld immer wieder auftreten:

- **Umgang mit Angst in unterschiedlichen Situationen** (»Sofie verstellt sich«, »Sofie hat Angst um Klemens«, »Sofie ist ängstlich«, »Sofie und Olli holen Axel, Renate und den dicken Bernd«)
- **Konkurrenz unter Freunden** (»Olli kann auch schwimmen«, »Olli gibt an«, »Sofie will nicht fragen«)
- **Streit** (»Nudeln auf Italienisch«, »Sofie will nicht neben Olli sitzen«, »Schimpfeln«)
- **Unerfüllte Wünsche und Erwartungen** (»Sofie hat einen neuen Pullover«)
- **Verantwortung übernehmen** (»Wer hilft wem?«, »Sofie muss aufs Klo«)
- **Trennung von Freunden** (»Olli kommt auf eine andere Schule«)

Sofies Erfahrungen stellen Identifikationsangebote für die Leser dar.

Für diese Probleme werden teilweise Lösungsmöglichkeiten angeboten, die zum Nachdenken und Gedankenaustausch anregen, so z.B. in »Sofie hat einen neuen Pullover« durch den Hinweis der Mutter:
»Hör mal, du hast mir doch erzählt: Olli hat so schöne neue Stiefel. Hast du ihm was dazu gesagt?« »Nein«, sagt Sofie. (S. 48)

Einige Geschichten bieten keinen Lösungsansatz, u.a. »Olli kann auch schwimmen« und »Sofie will nicht neben Olli sitzen«. Hier kann nur in einem Gespräch oder Rollenspiel nach Lösungen gesucht werden.
Es werden aber nicht nur soziale Probleme in den Geschichten angesprochen, es finden sich darüber hinaus auch einige Texte, die den nicht immer einfachen Umgang mit Sprache in den Mittelpunkt stellen. Hierzu gehören: »Im Zoo«, »Sofie hat einen Vogel«, »Schimpfeln« und »Sofie spielt mit einem Wort«. Diese Texte eignen sich hervorragend zu einer Reflexion über den Sprachgebrauch.

In den Geschichten werden Formen kreativer Sprachverwendung zum Ansatzpunkt für Reflexion.

Didaktisch-methodische Überlegungen

Es empfiehlt sich entsprechend dem Alter der Hauptperson das Buch ab Klasse 2 einzusetzen. Die Texte sind in sich abgeschlossen, kurz und überschaubar sowie durch ansprechende Bilder aufgelockert. Die Geschichten sind in kurzen Sätzen mit einfachen und prägnanten Formulierungen geschrieben. Der Wortschatz entspricht dem der Schüler und Schülerinnen. Da die Texte unterschiedlich lang sind, haben schwächere Leser die Möglichkeit, ihren Fähigkeiten entsprechend auszuwählen. Dies setzt allerdings eine geöffnete Unterrichtsform voraus.
Die dargestellten Situationen sind den Kindern in mehr oder weniger modifizierter Form bekannt. Sie bieten dem einzelnen Kind eine Fülle von Identifikationsmöglichkeiten.
Die Hauptperson benimmt sich nicht immer vorbildlich, sie benutzt Schimpfwörter und reagiert mitunter wütend, was sie in ihrem Verhalten angreifbar macht. Sie ist aber auch witzig und, wenn die Situation es erfordert, mitfühlend. Diese vielseitigen Charakterzüge macht sie den Kindern sympathisch. Sie ist eine von ihnen, mit der sie sich gern auseinandersetzen und über die sie etwas erfahren möchten.

Die Erzählform baut sich über viele authentische Dialogsituationen auf.

Fächerverbindende Aspekte

Die einzelnen Geschichten bieten vielfältige Ansatzpunkte zum fächerübergreifenden Arbeiten.

- Im Kunstunterricht können folgende Geschichten umgesetzt werden:
  »Wegen Sofie darf die ganze Schule malen«: Hier können Entwürfe für eine Schulhofbemalung angefertigt werden, die im Idealfall dann auch darin enden, dass der Schulhof tatsächlich bemalt wird.

  »Sofie mag Jeans«: siehe hierzu die entsprechende Arbeitskarte.

  »Im Zoo«: Sofie nimmt Redewendungen wörtlich (»Die Affen liegen auf dem Weg«). Eine bildnerische Umsetzung der Redewendung bietet sich an, da dadurch auch der Witz der Geschichte nochmals deutlich wird. Darüber hinaus können weitere Redewendungen gesammelt und im Kunstunterricht umgesetzt werden, z.B. »Da gackern ja die Hühner«, »Mir ist eine Laus über die Leber gelaufen«, »Es regnet Hunde und Katzen«.

Die kreativen Beispiele in den Geschichten werden von den Schülern umgesetzt oder texterweiternd und -vertiefend genutzt

- Im Mathematikunterricht kann die Geschichte »Olli gibt an« als Anlass dafür dienen, mit Geld zu rechnen, Einkaufsspiele zu machen, Preise zu vergleichen etc.

- Im Sachkundeunterricht dient »Sofie kocht Pudding« dazu, kleine Gerichte zu kochen und evtl. ein Rezeptheft anzulegen, in dem nicht nur Rezepte gesammelt, sondern auch Fachbegriffe für Kochgeräte wie Seihe, Mixer etc. erklärt werden.
  Ferner bietet sich an, »Sofie und Vaters Wasserwerk« von den Kindern erforschen zu lassen. Fragen dazu: Wozu wird Wasser gebraucht? Wie kommt es in unsere Häuser? u.a.

- Im Sportunterricht ist es möglich, »Sofie verstellt sich« aufzugreifen und Spiele ohne Sieger zu spielen.

- Im Religionsunterricht oder auch im Sachkundeunterricht kann »Nudeln auf Italienisch« ein Gespräch über Fremde in unserer Heimat anregen. Hier kann wiederum ein Bogen zum Mathematikunterricht gezogen werden, wo es dann möglich ist, beim Rechnen mit Geld ausländische Währungen anzusehen.

Anregungen zur Texterschließung und –bearbeitung im Unterricht

1. Einstieg in die Lektüre durch folgenden Impuls:

L.: *Wir lernen ein neues Kind kennen. Es heißt Sofie.*
Schau dir zuerst Sofies Bild genau an.
Was möchtest du über sie wissen?

Es erfolgt zunächst ein Unterrichtsgespräch im Klassenverband. Dies ist notwendig, da die Schüler durch die Beiträge anderer angeregt werden, eigene Fragestellungen zu entwickeln.

Die Schüler bekommen dann ein DIN A4 Heft, das als Lesetagebuch dient.

Anschließender Arbeitsauftrag:
L.: *Schreibe deine Fragen auf. Du darfst mit einem Partner arbeiten.*

2. Einstieg in die Erstellung eines Lesetagebuches:

Jedes Kind darf in dem Buch ohne Vorgaben der Lehrkraft lesen. Nach der Lesephase wird das Führen eines Lesetagebuches erklärt.

L.: *Alle Arbeiten, die du für das Sofie-Buch anfertigst, schreibst oder malst du ins Lesetagebuch. Auch Arbeitsblätter werden ins Lesetagebuch geklebt.*

Anschließend erklärt die Lehrkraft das **Arbeitsblatt 1**. In dieser Phase sollten im Klassenverband Adjektive gesammelt werden, mit denen eine Geschichte bewertet werden kann. Diese Adjektive werden auf einem Plakat gesammelt, das in der Klasse für alle Kinder gut sichtbar aufgehängt wird und so dem einzelnen Schüler hilft.
Die Schüler bekommen nun das Arbeitsblatt 1 und kleben es in ihr Lesetagebuch. Hier tragen sie jeweils ein, welche Geschichte sie gelesen haben, malen ihre Bewertungssternchen und begründen die Bewertung kurz. Anstatt die Bewertungssternchen zu malen, erhöht es die Motivation, wenn den Kindern Klebesternchen zur Verfügung gestellt werden.

3. Erarbeitung der Lektüre

Individuelle Erarbeitung der Texte und Textproduktion anhand der Arbeitskartei

Die Kinder bekommen stets eine freie Lesezeit.
Die Arbeit mit der Kartei erfolgt in geöffneten Unterrichtsphasen. Die Reihenfolge in der Bearbeitung der Arbeitskarten ist freigestellt.

Erklärung der Symbole:
✍ Schreiben
🕮 Lesen im Buch »Sofie macht Geschichten«
✏ Malen
✂ Basteln
? Rätsel lösen
☺ Spielen

Lesen und Erarbeiten der Texte im Klassenverband

Zum gemeinsamen Lesen im Klassenverband und für anschließende Unterrichtsgespräche und Rollenspiele eignen sich u. a. folgende Geschichten:

»Olli gibt an«

- Situationen erläutern, in denen Menschen gern einmal angeben
- Beweggründe aufzeigen, warum jemand angibt, wobei darauf geachtet werden sollte, das Angeben nicht gleich zu bewerten
- Mögliche Einbettung in den Mathematikunterricht, Einkaufsspiele spielen

»Sofie verstellt sich«

- Gespräch über mögliche Probleme beim Sport
- Schwierigkeiten, Probleme zu äußern
- Möglichkeiten erörtern, wie die Kinder einander helfen können
- Lösungsmöglichkeiten in Rollenspielen erproben

»Sofie will nicht neben Olli sitzen«

- Gründe bewusst machen, nach welchen Kriterien Banknachbarn gewählt werden
- So genannte objektive Kriterien erarbeiten
- Im Rollenspiel individuelle Beweggründe der Ablehnung eines Banknachbarn angemessen vorbringen
- Lösungsmöglichkeiten für den Umgang mit der Ablehnung besprechen

»Sofie muss aufs Klo«

- Was stört uns an Äußerlichem in der Schule? (Es muss ja nicht nur das Klo sein)
- Wie können Unsauberkeit und Unordnung vermindert werden?
- Gemeinsam Verhaltensregeln für die eigene Klasse erarbeiten
- Möglichkeiten für den Umgang bei Regelverstößen entwickeln, ohne jemanden gleich zu verpetzen oder sich selbst in der Rolle des Polizisten zu verstehen

Mögliche Rechtschreibübung – Diktat:

Sofie hat Freude daran, mit Sprache zu spielen (»Sofie spielt mit einem Wort«). Daran anknüpfend kann der Diktattext auf **Arbeitsblatt 4** eingegeben werden. Der Text wird mit den Kindern gelesen und herausgearbeitet, dass Sofie Reimwörter verwendet:

Pantoffeln	–	Kartoffeln
Schnee	–	Tee
Küsse	–	Nüsse
Dreck	–	Speck
Schurken	–	Gurken

Mit in der Klasse bekannten Übungsformen wird das Diktat geübt.

4. Schülerbeurteilung der Sofie-Geschichten

Die Schüler bekommen das **Arbeitsblatt 5** und schreiben eine Urkunde für die von ihnen ausgewählte beste Sofie-Geschichte. Sie erläutern im gemeinsamen Unterrichtsgespräch die Gründe für ihre Wahl. Es werden Kriterien der Kinder in einem Tafelbild festgehalten und verglichen, z.B. Spannung, Witz, Abwechslungsreichtum, Länge der Geschichte, Realitätsnähe, Sprachspielereien.

5. Abschließendes Resümee im Klassenverband

Die zu Beginn der Arbeit gestellten Fragen der Kinder an die Person Sofie werden nochmals vorgelesen. Es wird jeweils überprüft, auf welche Fragen durch die Lektüre Antworten gefunden wurden und welche offen geblieben sind.
Es wäre eine Möglichkeit, diese offenen Fragen als abschließenden Schreibanlass für eigene Sofie-Geschichten der Kinder zu benutzen. Dies ist aber nicht unbedingt nötig.

Arbeitskarten

zu

Sofie macht Geschichten

von Peter Härtling

Arbeitskarte 1

Sofie ist ängstlich

Warum könnte Sofie zu spät gekommen sein?
Schreibe verschiedene Gründe auf!

Sofie mag den Unterricht nicht stören.
Schreibe auf, wovor sie Angst haben könnte!

Mit Katjas Hilfe traut sich Sofie in die Klasse zu gehen. Schreibe, wie die Geschichte weitergeht. Beginne mit dem Satz:
Katja öffnet die Tür und geht mit Sofie in die Klasse ...

Arbeitskarte 2

Sofie kocht Pudding

Sofie will Pudding kochen.
Lies noch einmal genau, was sie alles macht.
Nun ergänze die folgenden Sätze
und schreibe sie in dein Heft.

1. Sie holt ______________________ .
2. Sie gießt ______________________ .
3. Sie schüttet ______________________ .
4. Sie rührt mit ______________________ .
5. Sie lässt ______________________ .

   und der Pudding fliegt ______________ .

Male zu jedem Satz ein Bild, dann hast du eine Bildergeschichte!

Arbeitskarte 3

Sofie kocht Pudding

Sofie erzählt Mutter nicht, wie der Pudding an die Decke gekommen ist. Später bekommt sie aber doch ein schlechtes Gewissen. Sie schreibt der Mutter einen Brief, in dem sie die Wahrheit erzählt.

Schreibe den Brief!

Arbeitskarte 4

Im Zoo

Papa will zuerst zu den Affen gehen.
Schreibe auf, was er sagt!

Male, was Sofie sich dabei vorstellt!

Einige Leute zucken zusammen,
als Sofie den Affen begrüßt.
Was denken die Leute wohl?
Schreibe es auf!

Arbeitskarte 5

Zoo-Rätsel

Nimm dir das Arbeitsblatt Zoo-Rätsel und klebe es in dein Lesetagebuch.
10 Tiere verstecken sich in diesem Rätsel.

Wenn du die Namen gefunden hast, male das Tier, von dem die Zoo-Geschichte erzählt.

Arbeitskarte 6

Olli muss auf eine andere Schule

Sofie möchte nicht, dass Olli auf eine andere Schule geht. Sie ist traurig und möchte das Problem mit Katja besprechen. Eigentlich will sie ja bis morgen warten, aber dann hält sie es nicht mehr aus und ruft Katja noch am selben Abend an.

Such dir einen Partner und spielt das Telefongespräch.
Schreibt das Gespräch anschließend auf.
Vielleicht mögt ihr es auch der Klasse vorspielen!

Arbeitskarte 7

Sofie mag Jeans

Du hast die Geschichte gelesen und
weißt nun, was Sofie nicht gern
anzieht.

Nimm ein Zeichenblatt
und male Sofie so groß wie das Blatt.
Nun ziehe Sofie an.
Nimm dir Stoff, Knöpfe, Litze, Federn
oder was du sonst noch brauchst.
Schneide die Kleidung zurecht und verziere sie.

Sofie darf auch gern etwas ganz Verrücktes anhaben.

Arbeitskarte 8

Deine Sofie-Geschichte

Suche dir drei Sofie-Geschichten aus.

Schreibe aus jeder Geschichte einen Satz auf, der dir gut gefällt.

Schreibe nun deine eigene Sofie-Geschichte. In deiner Geschichte müssen die drei Sätze vorkommen, die du abgeschrieben hast. Kennzeichne sie farbig.

Arbeitskarte 9

Deine Sofie-Geschichte

Erfinde eine eigene Sofie-Geschichte.
Hier sind einige Vorschläge:

- Sofie verliert Geld
- Sofie hat Glück
- Sofie fährt Fahrrad
- Sofie will ein Tier
- Sofie bekommt Ärger
- Sofie will nicht in die Schule
- Sofie spielt nicht mehr mit
- Sofie mag nicht essen
- Sofie klemmt sich den Finger

Suche dir einen Partner und erzählt euch gegenseitig eure Sofie-Geschichte.

Arbeitskarte 10

Sofie-Reime

Lies immer die erste Zeile.
Schreibe sie in dein Heft und schreibe eine zweite Zeile dazu, die sich auf die erste reimt!

Sofie mag nicht aufs Klo

____

Sofie sitzt auf dem Marmeladenbrot

____

Olli hat sie gern

____

Sofie hat Schmerzen im Bein

____

Sofie malt auf dem Hof

____

Vielleicht findest du noch andere Reime.
Stelle deine Reime den Mitschülern vor!

Arbeitskarte 11

Olli kann auch schwimmen

Suche dir einen Partner.
Lest die Geschichte Seite 26 mit verteilten Rollen.
Einer liest nur das, was Sofie sagt.
Der andere liest alles, was Olli sagt.

Übt das Lesen gut. Denkt auch daran, so zu lesen, dass man hört, wenn einer der beiden wütend ist.

Lest dann die Geschichte den Mitschülern vor.

Arbeitskarte 12

Nudeln auf Italienisch

Schreibe zunächst die Antworten auf folgende Fragen:

1. Wie heißt das Mädchen aus Italien?
2. Wie heißt Sofie auf Italienisch?
3. Warum streiten die beiden?
4. Wie einigen sie sich zum Schluss?

Sicher gibt es in deiner Klasse auch Kinder, die eine andere Sprache sprechen.
Frage sie, wie Nudeln, Brot und Schokolade in ihrer Sprache heißen. Schreib dir dann ein Wörterverzeichnis. Wahrscheinlich musst du dir von den Mitschülern die Wörter ihrer Sprache vorschreiben lassen.

?

Arbeitskarte 13

Fragen an Sofie-Experten

Nimm dir das Sofie-Rätselblatt!
Beantworte die Fragen.
Du findest die Lösungswörter im Rätselkasten!

Lies die Geschichte zusammen mit einem Partner.

Arbeitskarte 14

So ist Sofie

Schreibe das Wort **SOFIE** senkrecht auf ein Blatt.
Finde 5 Wörter, die Sofie beschreiben oder zu ihr passen.
Diese Wörter sollen immer einen Buchstaben von Sofies Namen haben. Der Buchstabe kann am Anfang, in der Mitte oder am Ende sein.
Nun schreibe die Wörter so in die Zeilen, dass Sofies Buchstaben dann auch an der richtigen Stelle sind.

Beispiel:

_ _ _ _ _ _ **S** _ _ _ _ _ _
_ _ _ _ _ _ **O** _ _ _ _ _ _
_ _ _ _ _ _ **F** _ _ _ _ _ _
_ *W I T Z* **I** *G* _ _ _ _
_ _ _ _ _ _ **E** _ _ _ _ _ _

Arbeitskarte 15

Sofie hat Angst um Klemens

Schreibe die Antworten zu folgenden Fragen:

1. Warum hat Sofie Angst um Klemens?
2. Wie geht es Sofie, als Klemens im Krankenhaus ist?
3. Wie möchte Sofie sich verhalten, wenn Klemens wieder zu Hause ist?
4. Was macht Sofie, als Klemens wieder nach Hause gekommen ist?

Beschreibe deinen Bruder oder deine Schwester!
Diese Fragen helfen dir:
Was magst du an ihm oder ihr?
Was ärgert dich?
Unternehmt ihr manchmal etwas zusammen?
Helft ihr euch gegenseitig?

Wenn du keine Geschwister hast, schreibe auf, wie du dir das Zusammenleben mit einem Bruder oder einer Schwester vorstellst.

Arbeitsblatt 1

Leseverzeichnis meiner Sofie-Geschichten

Trage die einzelnen Titel ein und bewerte jede Geschichte mit Sternchen.
Je besser dir eine Geschichte gefällt, desto mehr Sternchen bekommt sie. Du darfst aber höchstens 5 Sternchen verteilen. Wenn du eine Geschichte überhaupt nicht magst, bekommt sie gar keinen Stern.
In der Spalte Begründung musst du kurz eintragen, weshalb du diese Bewertung gewählt hast, z.B. sehr lustig, spannend, langweilig, interessant, witzig.

Titel	✵ Bewertung	Begründung

Arbeitsblatt 2

Zoo-Rätsel

A	M	W	E	I	S	B	Ä	R	G	T
F	O	F	L	A	M	I	N	G	O	F
F	K	L	E	O	P	A	R	D	H	A
E	S	R	F	T	O	L	A	M	A	U
N	L	U	A	J	R	I	E	G	O	T
M	Ö	E	N	Z	T	B	Ü	L	M	K
P	W	D	T	I	G	E	R	G	V	A
X	E	B	J	U	R	A	B	K	A	M
L	D	G	I	R	A	F	F	E	X	E
T	K	Ä	F	O	V	T	Z	L	Y	L

Findest du die 10 Zoo-Tiere?

Arbeitsblatt 3

Sofie-Rätsel

S	O	F	I	E	E	N	S	Y	B	E	H	N	X
F	T	E	U	L	Ö	M	U	T	T	E	R	S	K
A	U	T	O	I	N	R	I	C	H	Ä	O	T	W
M	A	U	M	D	L	A	S	C	H	U	L	E	V
Z	E	I	C	H	E	N	B	L	O	C	K	R	M
O	K	R	D	L	K	A	T	A	O	R	I	C	I
P	I	I	T	S	K	U	R	V	E	T	E	H	U
N	T	R	E	P	P	E	K	A	T	X	I	N	K

Welche Wörter findest du?
In welcher Geschichte kommen sie vor?

Arbeitsblatt 4

Sofie legt Olli rein

Sofie und Olli wollen für Mutter einkaufen.
Sofie schreibt einen Einkaufszettel:

2 Pfund Pantoffeln
1 Päckchen Schnee
1 Pfund Küsse
100 Gramm Dreck
1 Glas Schurken

Olli liest den Zettel.
Er sagt: »Du spinnst. Das gibt es gar nicht.«
Sofie lacht.
Sie sagt: »Denk nach, dann weißt du,
was wir einkaufen müssen.«

Kennst du Sofies Trick und kannst Olli helfen?
Schreibe den Einkaufszettel richtig!

____

____

____

____

____

____

Arbeitsblatt 5

Die beste Sofie-Geschichte ist

Das hat mir an dieser Geschichte besonders gefallen:

Unterschrift

»Sofie macht Geschichten« ist als Beltz & Gelberg Taschenbuch 28 im Verlag Beltz & Gelberg erschienen. Lehrer/-innen erhalten ein Exemplar zum ermäßigten Prüfstückpreis.
Bestellungen (mit Schulstempel!) bitte an
Beltz Buch Service, Postfach 10 01 61, 69441 Weinheim

Idee, Konzeption und Redaktion
Marlies Koenen
Institut für IMAGE + BILDUNG

www.beltz.de

Neue Rechtschreibung
Gesamtherstellung: DruckPartner Rübelmann GmbH
Printed in Germany
ISBN 3 407 99087 1
2 3 4 5 6   07 06 05 04 03